Nishabd

Bhawnaon Ka Anant Pravah

Neeraj Duggal

BookLeaf Publishing

India | USA | UK

Made with ❤ on the BookLeaf Publishing Platform
www.bookleafpub.in
www.bookleafpub.com

Dedication

To my father, whose guiding hand I still feel over my head, even though he is no longer by my side. Your wisdom, love, and blessings continue to inspire me every day. And to my mother, whose unwavering strength and support have been my anchor in life. This book is dedicated to you both, with gratitude, love, and longing.

Preface

With deep reverence and gratitude, I bow to the Almighty Lord Shiva—Nataraj, the cosmic dancer and the eternal Lord of Arts. I also offer my humble salutations to Mata Saraswati, the Goddess of wisdom, knowledge, and creativity, whose divine grace illuminates the path of expression.

Poetry is the voice of the soul—a bridge between emotions and words, feelings and thoughts. This book is a tribute to the beauty of life and the profound moments it offers. It is a collection of my reflections, drawn from a myriad of experiences and emotions that have shaped my journey.

This collection comprises Hindi poems, ghazals, and nazm, exploring the vast spectrum of human emotions—joy, love, longing, separation, and spirituality. Through these verses, I attempt to capture fleeting moments, deep emotions, and the unspoken thoughts that reside within us all.

As someone deeply in love with the grandeur of the Himalayas and the serenity of nature, I often find inspiration in their timeless presence. While only a few compositions here directly touch upon these themes, their influence remains an inseparable part of me, subtly weaving into my thoughts and creativity.

Through these pages, I invite you to join me on this poetic journey of discovery, connection, and introspection . Thank You for taking this journey with me .

Acknowledgements

I extend my deepest gratitude to my wife, Shubha, and my daughters, Soumya and Shambhavi, whose love and unwavering support have been the cornerstone of my journey as a poet.

I am also deeply grateful to my sister, Shelly Bhoil Sood, a world-class poet living in São Paulo, Brazil. Her literary journey across continents and her creative brilliance continue to inspire me, enriching my perspective in countless ways.

My heartfelt appreciation also goes to my dear friend and engineering batchmate, Nisheeth Mishra—an IPS officer and an amazing poet. His profound poetry and insightful critiques have been instrumental in refining my craft. Sharing my poems with him firsthand and engaging in our deep, thoughtful discussions has been an enriching experience.

Finally, to my family and friends who have stood by me with their encouragement and support.

1. गंगा

पर्वतों पे बलखाती नदी
तू इतना क्योँ इठलाती है

जल रश्मि के उस अमृत को
माना तू उपजाती है
फूंकती प्राण , हृदय रेखा सी
धरती का ताप मिटाती है

गुजरती गांव - शहर सब आँगन से
जन-जन की प्यास बुझाती है
न जाने कितने उत्सव कितने मेले
अपने तटों पर लगवाती है

जीवन दायनी गंगा बन के
जीवन का मार्ग बनाती है
दुलारती हर जीव -जीवन को
मोक्षदायनी बन भवसागर पार कराती है

चंचल अल्हड
अलकनंदा भागीरथी

वाराणसी अस्सी घाट की
चिरयौवना बन जाती है

पूजते तुझे देव और नर नारी
पवित्रता की परिभाषा कहलाती है ।
हर प्रान्त हर अंचल में
गंगा मैया कहलाती है

नमन तुझे हे गंगा मैया
तुझमे ही प्राप्त होंगे मुझे मेरे पूर्वज
मुझको है ऐसी आशा
भावनाओ की मेरी ये पाती है ।

2. शब्दों की थाह

प्रश्न शब्दों का हो यद्यपि
स्वरों को समझना पड़ता है
आत्म अनुभव की राहों से
स्यंव गुजरना पड़ता है

शब्द हैं मानो कला नटराज की
कहते है जो उस से अधिक छुपा जाते हैं
सत्यता की थाह पानी हो तो
भावों को परखना पड़ता है

अन्तर्निहित होतीं बहुत वेदनाएं – अपेक्षाएं
जब मानव है पुकारता किसी अपने को
प्रतिदान प्रेम से देने को
 परिस्थितियों को समझना पड़ता है

हों शब्द चतुर सुजान तो उपसर्ग - मूल विवेचना पड़ता है
मतस्य हो घूमती किसी ऊंचाई में
हर युग में अर्जुन को
लक्ष्य भेदना पड़ता है ।

3. सूरज का प्रकाश

बचपन से सोचता था
सूरज को जब देखता था
क्योँ हैं अँधेरा कहीं और कहीं रौशनी
जब सूरज कभी बुझता नहीं

कुछ जीवन गुज़र जाते हैं
रौशनी की उम्मीद में
कुछ उपहास उड़ाते हैं
अपने हिस्से के सूरज का
मानो अँधेरा नसीब है दूसरों का

काश ऐसा हो के
काट के सूरज का एक हिस्सा
बिजली की तलवार से
रख लूँ बादलों में छुपा के

बाँट दूँ एक एक हिस्सा
उन गलियों, उन चेहरों तक
जहाँ रौशनी कभी पहुँच पायी नहीं
नहला दूँ उनके अंधेरो को
रौशनी से हमेशा के लिए

4. संवेदना अस्तित्व की

संवेदना स्वयं के अस्तित्व की जाग्रत होती है
दृश्यमान होते हैं जब कुछ अनुभव
जो ले जाते हैं
एक नूतन नवीन यद्यपि पुरातन
अक्षय प्रकाश की ओर

परिलक्षित हो जाती हैं
इस निरंतर विस्तारित ब्रह्मांड की अपार ऊर्जा
कुछ अणुओं - परमाणुओं से निर्मित
अपने होने या न होने के यक्ष प्रश्न से जूझती यह देह

अतिरेक, उन्माद,
उल्लास, विलाप
किंचित न लुभाते, भरमाते एक पल भी
मौन प्राप्त कर लेता विजय नाद पर

सीमाएँ बह जातीं .
अकिंचन यथार्थ की
आरंभ होते हैं विचार जो स्वयं झुठलाते
स्व-स्वांग व आडंबर

प्रत्यक्ष प्रमाण माँगते .
हर विचार से
जो अभिलेखित करता

इस जीवन का उद्देश्य

क्षीर उदधि के तट पर
बैठे हुए दृश्य करना
स्वयं को प्रयास करते ..,तैरते हुए
स्वयं हाथ बढ़ाना मदद का
और वापस खींच लेना

मान लेना इसको क्रीड़ा नियति की
प्रतीक्षा है .. स्वागत है .. नव अनुभवों का ...

5. हिमालय

सुबह की पहली किरण से
कुछ रोशनी ले चलूँ,
समाहित कर लूँ स्यंव में हिमालय की भव्यता
साथ अपने ,ये दिव्यता ले चलूँ

घाटियों की नीरवता , पंछिओं का कलरव
बांध लूँ अपने शब्दों में
दूर किसी शिवालय की घंटी की
मधुर ध्वनियाँ ले चलूँ

कल कल बहते जल का संगीत
निर्मलता और मिठास
मैं अपने शहर में
इन झरनों की चंचलता ले चलूँ

टेढ़ी मेढ़ी पहाड़ी पगडंडियों पर
चलता रहूँ शाम तक
भर के अपनी आँखों में मैं
इन शामों के सुरमई रंग ले चलूँ

सूरज की सुनहरी चादर
जब फैलती हिमशिखरों पर
समेट कर यादों में अपनी
पलकों में रख कर ले चलूँ

6. काल चक्र

हरीतिमा के आगोश , भुला देते हैं
शुष्कता भरे वो दिन

नन्हें तरु जब कुम्हला गए
लतायें भटकती सी दौड़ीं सूखे तनों पर
कुछ बूँद जल की आशा में
तरलता से बने मेघ जब वज्र से कठोर हुए
वर्षा जब रुष्ट थी और
सूर्य की किरणों का दानावल
दिवस के प्रकाश में

अविकसित कोमल कोंपलें जो
थीं भरपूर जीवन के उत्साह से
तरसती सिसकती दम तोड़ गयीं
नमी के अभाव में

वसुंधरा का हृदय विदीर्ण था
प्रकृति स्तब्ध
जीवन संघर्ष कर रहा था
जीवन की आस में

काल की क्षुधा पूर्ती हुई
मेघों ने बरसाया अमृत
जल जंगल अब एकाकार थे

नव प्रभाव के अभिसार में

अब आल्हादित हो सुमन - लताओं से
इठलाती है प्रकृति
क्षीण पड़ गयी वो पुकारें - चीत्कारें
नव सृजन के प्रभाव में

समय चक्र है मुस्कुराता
काल ,व्यस्त अपने रथ को व्यवस्थित करने में
अनजान अबोध लताएं तरु उत्साहित
नव जीवन की आशाओं में

7. बूँद की यात्रा

मैं थी बस एक नन्ही बूँद, नभ के आँचल में सिमटी हुई
हवाओं संग बहती, बादलों में खेलती , एक सपना लिए रुकी हुई

फिर एक दिन, प्रकृति ने मुझे बुलाया
हिमालय की गोद में जा ठहराया
शांत, स्थिर, निर्विकार
मानो ध्यान में लीन महादेव के द्वार

युग बीते मैं ध्यान में लीन रही
हिम सागर का अंश बनी
नियति की किरणें पड़ते ही
धीरे-धीरे पिघल चली

एक नवजीवन में ढल चली
पहाड़ी झरनों संग बह निकली
सरिता में समाकर नया रूप लिया
कभी निर्मल, कभी मन कलुषित हुआ

पर सत्य मेरा अडिग रहा
मेरा अस्तित्व अचल रहा
गिरती रही, उठती रही
हर तट की सत्यता को परखती रही

अंततः सागर तक जा बही।

जहाँ से आई थी, वहीं जा मिली
अपने मूल में खो गई।

मैं थी बस एक बूँद भटकती हुई
अब महासागर में समाहित हुई।

8. हृदय में बसता रहूं

सरि सा अविरल बहता रहूं
प्रिये मैं तुम्हारे हृदय में बसता रहूं

क्षुद्र रहूँ या पर्वतों सा विशाल
बूंदों सा गिरूं या बनूँ हिमाल
प्रेम के काव्य रचता गुनता रहूं
प्रिये मैं तुम्हारे हृदय में बसता रहूँ

विषय वासना से परे
देह कामना कलुषता से परे
मैं तुम्हारे भावों का आलिंगन करता रहूँ
प्रिए मैं तुम्हारे हृदय में बसता रहूँ

धरा सा रहूँ दृढ अपने संकल्प पर
जल से वाष्प बनने की सरलता रखूं
मन्त्रमुग्ध सा अभीक्षण बरसता रहूँ
प्रिये में तुम्हारे हृदय में बसता रहूं

तुम मेरी वाणी, मैं तुम्हारा स्वर बनूँ,
अमिट प्रेम की कथा सा सदा गूँजता रहूँ
सरि सा अविरल बहता रहूं
प्रिये मैं तुम्हारे हृदय में बसता रहूं

९. हरिताभ

जो हरिताभ, वही जीवन है
मनुष्यता का पुरातन स्थान
धरा को छलनी मत कर मानव
मत छीन इसकी पहचान

कल-कल बहती जलराशि
वृक्षों का अमिट योगदान
मानव जीवन के हित सदा
पग-पग करते ये कल्याण

स्वच्छ वायु को खोकर भी
स्वयं पर गर्वोन्मत्त अभिमान
विस्मृत कर स्वर्ण कलश को
कंकर-पत्थर का संधान!

सूर्य-रश्मि की सुनहरी आभा
धरती की मधुर मुस्कान
मानव की अति-स्पृहा ने हर ली
अरुणिमा की पहचान

दानावल से धधकते पर्वत
कहीं दरकते विपुल स्थान
सागर की लहरों ने मानो
महा-रुद्र का किया हो ध्यान

उष्णता से दग्ध हो रहे,
गाँव, नगर और जनमान
हर दिवस उच्चिष्ट हो रहा
दग्ध वसुंधरा का तापमान

भविष्य की संतति को देने
स्वस्थ जीवन का वरदान
मानव! तुझे करना होगा
इस संकट का समाधान!

10. निंदिया

बैचैन - सकुचाई सी
आँखों तक आ कर ठहर गयी
व्यथित,
निंदिया

आहों आसुओं की डगर गयी

वो भी दिन थे जब कमसिन निंदिया
दो प्रहर तक सुलाती थी
ले जाती न जाने कहाँ
स्वपन हिंडोले में उड़ाती थी

प्रयत्न सभी असफल होते
पुस्तक के मानो शब्दों में घुस आती थी
विजयी होती थी सदा
अखियों में आ समाती थी

प्रथम वार था प्रेम का
जब पहली बार युवा निंदिया से अनबन हुई
नैनो की प्रेमिका
अब दूर हुए जाती थी

फिर तो समय का चक्र चला
प्रेम ,वैभव, ईर्ष्या के अनगिनत वार हुए
जीवन के इस क्रूर सत्य से
प्रौढ़ निंदिया छलनी हुए जाती थी

आज वृद्ध हो निंदिया
ठिठक ठिठक जाती है
सोचते हुए बीते पल
आहों आंसुओ की डगर जाती है ।

11. चाँद का सफर

कल रात कुछ अजब किस्सा था
मैं था और आसमान में चाँद , दोनों तनहा

दूर थी एक रौशनी
भागा, देखा तो चाँद था

तनहा और डरा हुआ
शायद गिर गया था अपने सफर की थकान से

मैंने संभाला उसे और ले आया अपने घर
कि बरसो से तमन्ना थी चाँद मेरे घर आये

थोड़ा संभल के सो गया चाँद
कहता था उम्र हुई बेफिक्री की नींद लिए हुए

मैं जागा ,चाँद सोया
रात हंसती खिलखिलाती रही मुझे देख

खिड़की से झांकते रहे कुछ तारे रात भर
शायद खुश थे कि चाँद सुकून से सोया था

सुबह हुई अंगड़ाई लेता चाँद मुस्कुरा रहा था
नया सफर सामने था

चाँद फिर अब अपने नए सफर पर था
पर अब चांदनी का अहसास मेरे पास हमेशा के लिए !

18

12. अपरिभाषित प्रेम

पुष्प सुगंध सीमित करू
चांदनी छठा छुपाऊँ

बाँधु पयोनिधि की तरंग
गगन विस्तार लजाऊँ

असीमित को सीमित करू
लज्जा को स्यंव लजाऊँ

परिभाषित करूँ अपने प्रेम को प्रिय
सीमाओं के फेर में पड़ जाऊँ

स्वीकार नहीं एक पल मुझे ...

प्रेम ही जीवन है ..तुम जीवन की आस
रहने दो मेरे प्रेम को अपरिभाषित अपार

13. तमस

तमस हृदय का आभूषण
कुटिलता दासी शब्दों की
नेत्र भरे छलिन भावों से
अधर मधुशाला इन्द्र की

गजगामिनी सर्पिणी
मानो बस शब्द हों सन्मुख तेरे
वस्त्र ज्यौं रसिक कला के
करते प्रदर्शना कमनीयता की

लोभ मोह
वासना पूजें
अधिकारी देवी
तू तृष्णा की

सत्व , रजस
पराजित होते बारम्बार
सजाते सेनाएं
ज्ञान भक्ति कर्म की

त्रेता , द्वापर
तुम्हे स्वीकारें
कलियुग के मानव हारे
तुम विजेता युग युग की

14. डगर प्रेम की

प्रश्न अधर से था
डगर प्रेम की
उत्तर यद्यपि नयन से आया
कुछ पल
कुछ श्वासों में
स्यंव को विवश पाया
हृदय व्याकुल हुआ
जिव्या शुष्क
जीवन का आधार अकुलाया
प्रेम पुष्प
अब अंकुरित हुआ
हृदय उपवन मुस्काया
विचलित हो कर
अधीरता से
स्नेह आलिंगन समाया
शाश्वत सत्य
प्रेम की विजय
मनुष्य हठात अस्वीकारता आया ।

15. मनुष्य तू धरा का गौरव

मनुष्य तू धरा का गौरव
ईश का अंश, दिव्य स्वरूप
तेरी कर्म ज्योति से
साकार होता धरा का रूप

जब तू करुणा का दीप जलाए
निर्बल का संबल बन जाय
अर्पण कर के निज अहंभाव
देवो सा तेरा प्ररूप

 जब अज्ञान तुझ पर छाता
क्रोध, लोभ के अंध कूप
अपनी ही छाया से डर जाए
नर से असुर बन बदले रूप

तेरे चरण जहाँ पड़ें धरा पर
वहाँ पुण्य का उद्भम हो
दीपक बन हर अंधेरे का
ईश्वर का बने स्वरुप

16. मानवता

अंधियारे में दीप जलाना होगा
संघर्षों को सुलझाना होगा
जो राह रोकते खड़े हैं पर्वत
पथ उन पर एक बनाना होगा

धर्म हमारे क्यों बाँटें हमें
जात-पात क्यों काटें हमें
मंदिर और मस्जिद से पहले
मानवता को बचाना होगा

भूख सिसकती विवशता में
गरीबी दानव-सी खड़ी है
लेकर शिक्षा की तलवार
इस दानव को हराना होगा

संघर्ष यही, है प्रतिज्ञा यही,
सदियों से धधकती यह आग
विषमता के अंत का सूरज
हमें अब जगाना होगा।

17. आत्मा की पुकार

अब मोरी सुधि लीन्ही सरकार
सावन बीते
पतझड़ बीते
बीत गये शरद और गर्म बयार

बीते दिन बीते बरसों
बीते सब व्रत त्यौहार
कन्हैया तोरी बावरी को
बेरंगी लागे है ये बहार

जग की हर राह बड़ी कठिन थी
पग पग था कामनाओ का ज्वार
माया के बंधन ने बांधे
मोरी नैया के पतवार

आन पधारो प्रियतम अब तुम
ले कर परमानन्द अपार
तेरा मिलना अब अंतिम अभिलाषा
शेष नहीं अब और विचार

मिलन तेरा ही शेष मात्र है
सब कुछ व्यर्थ ,
सब कुछ भार
अब मोरी सुधि लीन्ही सरकार

18. तुम बादलों सी बहना

तुम बादलों सी बहना, मैं पर्वत सा बनूँ
तुम रिमझिम फुहार बन गिरना, मैं अंतर्मन तक भीगूँ

तुम गरजना कभी, तो मैं गूंज बनूँ
तुम बिखर जाओ ओस बनकर ,तो मैं धरा का आँचल बनूँ

तुम्हारी राहें बदलें, तुम्हारा रंग ढले
पर मैं अडिग रहूँ, बस तुम्हे निहारूं

थक जाओ सफर में, तो मुझ पर ठहर जाना
तुम्हारी हर बूँद का अफसाना ,मैं चुपके से समेट लूँ

तुम राग बन जाओ मैं बस तुम्हें गुनु
तुम हर रूप में खिलना, मैं हर रूप में तुम्हें चुनूँ

तुम बादलों सी बहना, मैं पर्वत सा बनूँ

19. एक उम्मीद

कुछ ढूँढ रहा हूँ मैं शायद
कुछ दिनों से अचानक ही टटोलने लगता हूँ जेबों को,
देखता हूँ अपने बैग को बार-बार

उलट-पुलट कर देता हूँ सब चीज़ों को
टीवी रिमोट के बटन बस दबते जाते हैं
बस बदलता रहता हूँ चैनलों को

कई बार हुआ है यूँ कि नल खोल कर खड़ा रहा,
और लगा—पानी नहीं, मैं खुद बह रहा हूँ
गिर रहा हूँ सख़्त बेजान फ़र्श पर,
बिना किसी मक़सद

जब देखता हूँ ख़ुद को आईने में,
कुछ कमी-सी महसूस होती है।
चेहरा तो वही है,
पर अंदाज़ कुछ बदल-सा गया लगता है

फिर एक सुबह उठा तो गरजते बादलों का मौसम था
उन्हीं बादलों में लेकिन
एक जगह बनी और
एक मुस्कुराती कंचन किरण रूबरू हुई

शायद याद दिलाने को,
जो मैं कहीं रखकर भूल गया था..
एक उम्मीद!

20. ये ज़िंदगी की गाड़ी

उम्र थी कच्ची, कुछ हम थे अनाड़ी
हिचकोले खाती रूकती रुकाती
चलती रही ये ज़िंदगी की गाड़ी
काम बहुत है पर समय कम है
हम सफर में हैं

कुछ बन जाने का वो जुनून
पड़ोस के अंकल के वो उलाहने
पापा के उम्मीदों के तराने
अपनी हकीकतों के वो फ़साने
आज भी ताज़ा इस ज़ेहन में हैं
हम सफर में हैं

उसका मिलना और दिल का जाना
करियर की बातों से खुद को बहलाना
प्यार और फ्यूचर की जंग में बेचारा
हमेशा से उलझन में है
हम सफर में हैं

इंजीनियरिंग के वो दिन
और हॉस्टल में दोस्ती का सफर

रम और ग़म को साथ निपटाते वो यार
कल के लड़के, आज बने सर हैं
हम सफर में हैं

इश्क़ से शादी का रास्ता
वक़्त और बॉस के सितम का अपना वास्ता
बच्चों को संभालते
जेबों को खंगालते
मंदी के असर में हैं
हम सफर में हैं

21. मेरा ग़म

जब पहली बार मिला उससे, तो मैं बहुत नाराज़ था
उसे देखकर, महसूस करके
बस मायूसी और ग़ुस्से का एहसास था

लगा था, कुछ दिनों का मेहमान है,
चला जाएगा
पर उसका ऐसा कोई ज़ाहिर इरादा, न अंदाज़ था

आँखें बंद कीं, इधर-उधर की बातों में दिल बहलाया,
कुछ दिनों के सफ़र पर निकला,
पर अब हर वक्त वो मेरे आसपास था

एक अजीब-सी झुँझलाहट ने जकड़ लिया
मानो अब उसका वजूद ही
मुझे नाक़ाबिले-बर्दाश्त था

वक़्त बीता, और मैंने साथ जीना सीख लिया
एक दिन, वो मुझे और मैं उसे देखकर मुस्कुराया
मेरा ग़म अब एक दोस्त बनकर मेरे साथ-साथ था।

22. वो हवा जो दे साँसें

वो हवा जो दे साँसें

वो हवा जो दे साँसें, ना बुझाए दिये
वो एहसास जो सहला दे हौले से दिल को

वो दोस्त जो देख ले आँखों में छुपे उस दर्द को
वहशत को फ़ना कर दे अपनी एक नज़र से, वो एक अपना

बुझा दे बरसों की प्यास बस एक बूँद से वो बारिश,
पुरसुकून नींद में सुला दे जो अपने करम से
और अता कर दे अपनी रहमतें मुझ पे, वो मेरा ख़ुदा

बैठ कर सहरा-ए-गर्दिश में
देखती हैं हर एक लम्हा
मेरी आँखें ये कुछ ख़्वाब हसीन!

23. शाम थी बेक़रार

32

शाम थी बेक़रार
हर लम्हे का इंतज़ार
आज बात और थी
चाल ढाल और थी

हम ने खुद से बात की
खुद से ये फरियाद की
आज जिक्र ऐ गम न हो
स्याह दिल मौसम न हो

आज बस वो रहें
आज बस वो कहें
हम बस सुनते रहें
हम बस गुनते रहें

गीत जो सुनें सुनें
बस वही गुनें गुनें
और न कोई बात हो
आरजुओं की बरसात हो

हम न देंखें और कुछ
हम न सोचें और कुछ
बस उन्ही की बात हो
हुस्न की परवाज हो

एक क़ज़ा सी गिर गयी
एक घटा सी घिर गयी
वो जो जलवानूर थे
सामने हुज़ूर थे

दिल ने मुझ से ये कहा
ये ही है मेरा खुदा -ये ही है मेरा खुदा

अब उसी खुदाइ में
रूप की समायी में
दिन गुज़ारते हैं हम
दिल सँभालते हैं हम

24. सितारे

आज डूबेंगे तो कल चमकेंगे फ़लक पर
चमकना-डूबना तो बस सितारों का ही काम है

फ़ना हो जाती है हर इक शै कुछ मुद्दत में,
यादों को सहेजना तो बस कुछ दीवानों का काम है

तेरी तरफ़ आने का रास्ता मिलता नहीं,
यूँ तो इस शहर में चौक-चौबारे, गलियाँ तमाम हैं

हम आते रहेंगे यूँ ही पलट-पलट कर,
ये ना सोच ऐ ख़ुदा कि ये क़िस्सा तमाम है

चाहत किनारों की रवायत है दुनिया में , नीरज
तूफानों से जा टकराना कुछ परवानों का काम है

25. अरमान

35

अरमान बेरोजगार हो जायेंगे
खुद अपने वजूद और हसरतो का अंजाम हम समझ जायेंगे

वक़्त का है सरमाया और वक़्त की है सारी साजिशें
ना अपनाएंगे ये लम्हे तुझे , ना रुसवा कर के जायेंगे

परस्तिश हो तो उस खुदा या इश्क़ की
इंसानो के चेहरे तो बस यूँ ही बदलते जायेंगे

दोस्तों की महफ़िलो में जब होने लगे हिसाब नीरज
मुफलिसी के तो रंगो-मायने ही बदल जायेंगे

शोर ऐ महफ़िल या जद ओ ज़हद हो असलूब -ऐ-ज़िंदगी की
गाफिल हैं हम अपनी मस्ती में ,ये उम्र जी के गुजर जायेंगे

26. बैचैन शाम

एक तनहा बैचैन शाम अक्सर हैरान करती है
जिनके जवाब न हों वो सवाल करती है

समां था मौसम भी रुमानियत और वफ़ा भी
उन्हीं के सिर्फ नाम पर क्योँ बवाल करती है

नहीं होते वो पास अक्सर हाँ यही है ज़िंदगी
ले आती है उनके अहसास क्या कमाल करती है

आपके होने न होने का अहसास क्या उन्हें भी है
जानती है जवाब पर फिर भी सवाल करती है

एक तनहा बैचैन शाम अक्सर हैरान करती है

27. गर्दिशों का सफ़र

एहसास था गुज़र गया
तपिश बाकी है अभी

सफ़र था गर्दिशों का
रास्ते तो गुज़रे हैं मंज़िलें बाकी हैं अभी

भीड़ थी आलम में बेपनाह
रक़ीबों का शुक्रिया रहबरों का राबता बाकी है अभी

हम न थे, न हैं, और न होंगे , जिन्दा रहती हैं हैं सिर्फ़ ख्वाहिशें
कुछ मुकम्मल हुईं, कुछ बाकी हैं अभी

कुछ अलग ही बात थी उस मंजर में नीरज
मुद्दत हुई पर उसकी यादें बाकी हैं अभी

28. वो हमसफ़र

दिल के दर पर कोई आहट न थी
चाँद आँगन में ठहरा रहा रात भर,

अहसासों की खिड़की बंद ही रही
हवा दस्तकें देती रही रात भर

जाने कौन गुज़रा था इस गली
दिल मचलता रहा बेसबब रात भर

एक सन्नाटा ठहरा रहा दरमियां
आवाज़ आई न पैग़ाम था कोई रात भर

उम्मीद थी की शायद वो लौट आएंगे
रोशनी दर पे जलती रही रात भर

देखा उसे ख़्वाब में इकरार करते
और दिल ये धड़कता रहा रात भर

कह गया कोई ख़्वाबों में आकर नीरज
अब न लौटेगा वो हमसफ़र रात भरै

29. वो एक लम्हा

वो एक लम्हा जो कभी था ही नहीं
फिर भी दिल से कभी गया ही नहीं

न आँखों ने देखा, न हाथों ने छुआ
मगर एहसास में वो मिटा ही नहीं

साँसों में घुली उसकी महक अब तक
हवा कह रही है, वो गया ही नहीं

सजाया था रास्तों को मैंने अपने दिल से
उन राहों पर वो कभी चला ही नहीं

ख़्वाबों के आईने में जो झलकता रहा
हक़ीक़त में था या नहीं, पता ही नहीं

वो एक लम्हा जो कभी था ही नहीं।

30. शायद रहा होगा

शायद रहा होगा कोई ख़्वाब अधूरा
जो नींद के किनारों पर ठहरा रहा होगा

बहा होगा कोई आँसू चुपके से
जो दिल में समंदर से गहरा रहा होगा

जाने किस मोड़ पर रुका होगा वक़्त-ए-वस्ल
जो उन लम्हों में ठहर सा गया होगा

बसी होगी कोई अनकही दुआ
जो जुबां पे आई मगर कहा न गया होगा

आई थी उनके होंठों तक इकरार की बातें
लफ़्ज़ों पर शायद हया का पर्दा रहा होगा

इंतज़ार में कट गई सदियाँ मगर
उनके आसपास शायद पहरा रहा होगा।

31. एक चाय

एक चाय की ही तो बात थी
कुछ कही अनकही
सुनी अनसुनी
ख्वाहिशों की परवाज थी

भाप में लिपटी वो पुरानी यादें
चुस्कियों में घुली कुछ फरियादें
छत पर गिरती मध्हम बारिश की
लरज़ती बूंदों की आवाज थी।

साथ बैठने की वो तमन्ना
कप को सँभालते आंखों से बातें
खामोश लफ़्ज़ों से कही हुई
हसीं दास्ताँ की बात थी

बारिश भी वही
हवा के झोंके भी वही
टेबल पर रखे एकलौते चाय के कप को
अपने हमराही की तलाश थी

32. मेरी हर राह की मंज़िल

42

मेरी हर राह की मंज़िल सिर्फ़ तुम हो...
क्या तेरे दिल का कोई कारवाँ मेरी ओर आता है?
उठी हैं, मचलती हैं,
तमन्नाएँ सागर की लहरों सी

उफनती, गरजती
दम तोड़ जाती हैं साहिल पर
दिल के रेतीले मैदान पर
एक ख़ामोश सन्नाटा उतर आता है।

हम दिल से तुमको चाहें,
तुम हमको दिल से चाहो,
बस यही माँगा था दुआओं में हर बार

वक़्त का सितम कि
अब ये अधूरा ख़्वाब बन
हमें रुला जाता है।

33. साथ साथ अलहदा

ज़िंदगी और मौत साये की तरह साथ साथ चलती हैं
पर अपनी-अपनी राहों में, फिर भी अलहदा मिलती हैं

देखते हैं हम मुक्तलिफ़ नजरिये से इनको
प्यारी लगती है जिंदगी कभी तो कभी मौत हसीं लगती है

ज़िंदगी का हर पल आखिर मौत की ही अमानत है
कभी कभी जिंदगी में ही जिंदगी की कमी लगती है

आखिर क्या है इस कश्मकश का हासिल नीरज
हसरतें चाहे कितनी भी पूरी हों , थोड़ी कमी लगती है

34. शब-ए-ग़म

चख के देखूं तो शब-ए-ग़म की शाम बड़ी ज़हरी है
घूँट ही घूँट में इसको पिया जाता हूँ मैं

सोचता हूँ, चाहता हूँ बन के इंसाँ जीना
 कदम दर कदम बस शैतां बना जाता हूँ मैं

सालों गुज़रे जब ज़ख्म खाए थे दिल पर
 मरहम के हर फ़ाहे में लेकिन एक टीस ही पाता हूँ मैं

ना पलटे वो, ना हमने देखा था पलट कर
साये भी खोए अंधियारों में

उम्र बीती पर आज भी सूनी सी सड़क पर
उस साये की एक झलक पाता हूँ मैं

जब थक जाता हूँ इस ज़माने की वहशत से
कानों में गूंजते एक सन्नाटे की दहशत से

लफ्ज़ दर लफ्ज़, शब्द दर शब्द
 किस्सा एक नया बनाता हूँ मैं

35. जख्म

तुझसे मिले ज़ख़्मों का मैं हिसाब नहीं रखता
रिश्तों में सौदागरी का कोई आदाब नहीं रखता

जो दर्द तूने दिए, वो भी मेरे अपने ही हैं
तेरी हर चोट का मैं दिल में कोई जवाब नहीं रखता

तेरी हर बेवफ़ाई को भी नादानी समझा मैंने
यूं रोज रोज गिला करना मैं कभी याद नहीं रखता

खुदगर्ज़ी में जो भूल जाये इंसानियत का सबक
खुदा का नाम भी फिर कोई सबाब नहीं रखता

36. इरादा ऐ क़ातिल

जबकि जानता था क्या है इरादा ऐ क़ातिल
वो क़त्ल भी कर गया और मैं सोचता रह गया

आते पास तो कर लेता खुशामदीद उनको
वो बस दूर से मुस्कुराये और मैं राह देखता रह गया

मैंने सोचा था बड़ी दिलकश अदा से होंगे वो जलवानूर
वो पर्दानशीं हो कर आये और मैं बस देखता रह गया

बड़े सुर्ख अरमानों से लिखे थे इज़हार ऐ इश्क़ के वो खत
उन्होंने लिफाफा भी न खोला और मैं बस भेजता रह गया

सोचा था बस सामने ही है अब मेरी मंजिलों का हासिल
न जाने कितने मोड़ आये और मैं बस चलता रह गया

यूँ तो दूर न था मेरे घर से उनके घर का पता
वो एक बार भी ना आये मैं बस ख्वाब देखता रह गया

दीये भी बुझने लगे जब उनकी राह देखते
देकर अपना उजाला उन्हें मैं अँधेरा बन कर रह गया

37. मेरे अश'आर

मुद्दत की राह न देख मेरे अश'आर की
ये वो अश्क हैं जो सिर्फ़ दिल की सदाओं से आते हैं

बनाते हैं अक्सर हम जिन मजबूत डालों पर सलोने बसेरे
समय की आँधियों के आगे बस बेबस ही नज़र आते हैं

संभल-संभल के रखें कदम तो अक्सर डगमगा जाते हैं हम
बेलौस और बेखबर, समंदर से भी नहीं घबराते हैं

कुछ मंज़िलों का भी अपना ही जलाल है 'नीरज'
रास्तों पर चलते मुसाफ़िर ख़ुद रास्ता बन जाते हैं।

38. ज़ुल्फ़ की अदा

48

अब उस ज़ुल्फ़ की अदा को क्या कहूँ
हवा भी ठहर जाए छू कर ऐसे मंजर को क्या कहूँ

नजाकत भरी जुम्बिश से बिखरी जुल्फें ,तो रातें भी महकने लगीं
जो सजी सँवरी तो रौशन रुख के जलाल को क्या कहूँ

पास हो कर भी जो जुर्रत न कर पाए छूने की
अब इन कांपते हाथों के मलाल को क्या कहूँ

जो छू जाए हौले से तो साज़ कोई बजने लगें
मैं अब इस दिल के हाल को क्या कहूँ

छुपे कितने ही राज उसके हसीं चेहरे में
अब उसको चाँद ,खुशबू , आफ़ताब क्या कहूँ।

39. शुआओं का सफर

दर्द- ऐ -जिगर है और हम हैं यारों
राफ्ता -ऐ - गम है और हम यारों

ऐ खुदा जो तू था तो मेरे साथ क्यों न था
सवाल-ए-मज़लूम है यारों

आँखों में उड़ता है माज़ी का हर एक वाक़्या मानों
 मुकम्मल ज़माना हरीफ़ था यारों

ख़्वाबों की बस्ती में ढूंढा था सुकून हमने
मगर जागी आँखों में रह गया धुआं यारों

हम थे, हम रहेंगे, न रखना कोई शुबहा दिल में
शुआओं का सफर है और हम हैं यारों

40. तुम पर जो भी लिखा

तुम पर जो भी लिखा,कम था
ग़ज़ल के हर शेर में बस तू ही मेरे हम दम था

कभी ख़ुशबू सी थी तेरी महकी बातों में
कभी अश्क़ों में मेरे भीगा सा ग़म था

हर साज़ में तुमको गाया मैंने
मेरे हर गीत में तेरा ही सरगम था

कभी ख़्वाबों में सलोना रूप था तेरा
कभी मेरी यादों में मुस्कुराता तू सनम था

सोचा था ये रेशमी अहसास काग़ज़ पर उतार लूँ
नाकाबिल तुझे लिखने में मेरा कलम था

कभी मुस्कुराया तेरी यादों में बार बार
कभी सामने भी तेरे मैं कुछ गुमसुम था

न जाने कितनी बार दिल ने कहा भुला दूँ तुझे अब
इश्क़ फिर तेरा मेरे सामने हर अगले कदम था

41. सुबह की धूप

वो सुबह की धूप का प्यारा सा रंग उसके चेहरे पर
उसके हाथों की चूड़ियों में खनकते शरारती रंग भरे मेरे कुछ अरमान

एक प्याला गरम चाय का अहसास भरा
उसके गीले बालों की महक लिए

उसके आँचल में दोपहर की
अलसायी सी एक झपकी

नीले समंदर सी उमड़ती उसकी आँखें
बहते हुए मेरे होशो हवास

कुछ अधूरी तमन्नाएं हैं
जो लायेंगी वापस हमें फिर दुनिया में

42. तेरा ख्याल

नागाहां फिर तेरा ख्याल आना था
क्या क्या न था जो सवाल आना था
हम थे और कुछ इश्क़ का मौसम था
थीं अब्र ऐ हुस्न की बारिशें

ताबीर ए मुहोब्बत
कुछ यूँ भी हुआ करती है !
इज्तिराब को मुक्कमल कर दे
उस कज़ा ने भी हमें पराया माना था

क़समें वादे सब बिखर गए थे,
मगर तेरी याद को मानों हर हाल आना था
खिड़कियों से झाँका था जब चाँद ने मेरी
बहुत से अंधेरों को ही मलाल आना था।

43. इन्तजार और उम्मीद

तेरे इन्तजार और उम्मीद ऐ तवज्जो में
ये दिन कट पाते हैं तो कट जाते हैं

जब टूटती है ये उम्मीद और सब्र का दामन
हर नए पल से भी हम घबराते हैं

हर एक आहट पर धड़क जाते हैं अरमां
तेरी ख़ामोशी से दम तोड़ जाते हैं

तुझ को पा लेने की अधूरी तम्मना लाती है खलिश
अश्को में इस दिल के अरमां पिघल जाते हैं

दीद तेरी वो रहमत है नीरज
साज़िश ऐ तकदीर के हर दायरे सिमट जाते हैं।

44. मेरी आह बहुत दूर तक गई

मेरी आह बहुत दूर तक गई फ़िज़ाओं में,
एक बस वही बेख़बर रहा

चाँद ने सुनी, सितारे भी आँखें मलते जागे
हैरान दरिया ने लहरों को बताया।
मचलती हवा ले गई संदेशा बादलों तक
मगर वो ही बस बेअसर रहा

सुनता तो शायद समझ भी जाता
महसूस करता तो पास भी आता
बेताब दिल की धड़कनें सब कह गईं
पर वो ही बस बेख़बर रहा

दिल समझता नहीं था ये इश्क़ क्या है
खुद को खोने की ये अदा क्या है
चाहा तुझे तो एक बार जो
दीवाना ये नादान उम्र भर रहा।

मेरी पुकार दूर तक गई फ़िज़ाओं में
एक बस वही बेख़बर रहा।

45. तमन्नाएं

उफान लिए तमन्नाओं का ये लहरें फिरा करती हैं
कोई तो साहिल होगा जो थाम लेगा

लहरों में उलझ कर भी मिल जाती हैं राहें कभी
कभी किनारा भी हर रास्ता भुला देगा

हर जज्बे को अश्कों की राह बहते देखा नीरज
कोई तो होगा जो इन्हें भी दुआ बना लेगा

तिश्नगी है ये मजिलों की या दिल ऐ बर्बाद की तमन्ना
कोई दिल तो होगा जो हमें भी अपना बना लेगा

46. तेरे जैसा

तेरे जैसा मैं बनना चाहता हूँ
पर बन नहीं पाता हूँ
वादे करता हूँ जब
तो उन्हें भूल नहीं पाता हूँ

आइना जब भी देखूँ
एक सोच में पड़ जाता हूँ
तेरी राहों पर चलने का इरादा करता हूँ
पर हर मोड़ पर ठहर जाता हूँ

तू सागर सा गहरा है
मैं किनारों पर ही डर जाता हूँ
तू एक स्याह बादल बन बरसता है
मैं एक बूँद बनकर सिमट जाता हूँ

खुद को हर रोज नया करता हूँ
तेरी तरह बेदर्द बनूँ अब
पर ये दिल अभी भी धड़कता है बाखुदा
फिर वही पुराना नीरज रह जाता हूँ

तेरे जैसा मैं बनना चाहता हूँ,
पर बन नहीं पाता हूँ

47. होली

होली थी शायद उस दिन,
हाँ, होली ही थी।
भीगे तन-मन, भीगा मौसम,
अरमानों ने आँखें खोली थीं

पहली बार तुम्हें छुआ था,
अपने रंग में रंग लिया था।
चेहरे पर तुम्हारे कितनी,
शोख ठिठोली थी

गुलाबी गालों को छूकर,
मचल उठा वो अबीर गुलाल
बावरे से इस मन की,
सिट्टी-पिट्टी गुम हो ली थी

फागुन का मस्ताना सा रूप-रंग
और उल्लास-उमंग का वो मौसम
पीछे छूटे शर्म-हया सब
आँखों में मस्तों की टोली थी

पलकों में सपने भीगे थे
हँसी में मानो चाहतें कुछ भोली थीं
गुझिया और मिठाई से मीठी
प्रियतम तेरी बोली थी।

48. तुम्हारा संघर्ष

प्रिय बचपन के साथी,
तुम्हारे ख्वाबों का हाल लिख रहा हूँ
आखिर साथ रहां हूँ तुम्हारे
उस पहले दिन से जब हम मिले थे
शायद तुम्हारे स्कूल का पहला दिन
जब पहली बार तुम्हारी माँ ने
हाथ छोड़ा था तुम्हारा कुछ घंटों के लिए
और तुम्हें लगा था दुनिया ही खो गयी

ज़िंदगी ने तुम्हें उतना नहीं दिया,
जितना तुमने चाहा था, सोचा था
पर उसने वो खुशियाँ भी दीं,
जो तुमने कभी सोची भी नहीं थीं

कच्ची सड़कों पर जो दौड़ती थी मासूमियत,
कंक्रीट के जंगलों में कहीं गुम-सी हो गई
तुम्हारे खिलौने अब कागज़ , लैपटॉप और हिसाब बन गए,
और सपने?
वो जिम्मेदारियों के साए में कहीं सो गए

पर साथी, यह भी सच है

तुम्हारी मुझ से साझेदारी बेकार नहीं गई
जो दिया, वो लौट आया मुस्कानों में,
परिवार के हर चेहरे पर,
उनकी जीत की कहानियों में

तुमने सिर्फ कंधों पर जिम्मेदारी नहीं ली
बल्कि अपनों के लिए एक नई राह बनाई

पर साथी, जानकर संतोष होता है
कि तुम्हारी ये मेहनत बेकार नहीं गई
अब तुम्हारी नन्हीं परछाइयाँ
उन ख्वाबों को अपनी आँखों में बसाए आगे बढ़ रही हैं

तुमने जो भी किया, जो रास्ते चुने,
वो सिर्फ एक मंज़िल के लिए थे
ताकि उनके हर सपने को पंख मिल सकें,
ताकि तुम उनके साथ जी सको हर खुशी

याद रखना, साथी,
अब भी कुछ सपने तुम्हारे अपने हैं,
जो शायद राह तक रहे हैं,
तुम्हारी एक मुस्कान के इंतजार में

शुभकामनाओं सहित,
तुम्हारा संघर्ष।

49. उदास आंखें

उदास आंखों से जब कोई बात करता है
जेर- ऐ- लबों से शायद फरियाद करता है

मुकम्मल न हो पायी जो इस जहाँ में
हसरतों को ख्वाबों में आबाद करता है

है इश्क़ का हासिल फ़ना हो जाना
अपने क़ातिल पर ख़ुद को बर्बाद करता है

अशआर जो बयाँ न कर पाएं हाल-ए-दिल
तस्सवुर भी उनका हमें नाशाद करता है

नीरज , है लफ़्ज़ों का भी कुसूर क्या
जो दिल में है , वही बर्बाद करता है

50. बहारों का मौसम

बहारों का ये गुलिस्तां मौसम
पेड़ों पर हरे पत्तों का भरम भी नहीं

मुदत हुई कि कोई सदा भी न आयी
शाखों पर अब रुख़सत का ग़म भी नहीं

कोई ख़्वाब आँखों से कुछ कहता नहीं
नींदों में अब वो करम भी नहीं

गुज़रते हैं साए भी जैसे अजनबी
इस वीराने में गूंजते कोई क़दम भी नहीं

नीरज अब आरज़ुओं से रिश्ता नहीं
दिल में अब कोई सनम भी नहीं